CONDUCTOR

2

Scénario
Manabu
KAMINAGA

Dessin
Nokiya

Conductor

Histoire et personnages

Premier jour

Naomi est perturbée par un cauchemar récurrent : un inconnu vêtu de noir qui tient un crâne entre ses mains la précipite dans les ténèbres. Elle finit par consulter un spécialiste, qui lui affirme qu'elle a refoulé certains souvenirs traumatisants. Le même jour, dans l'appartement voisin du sien, la police découvre un corps sans tête, momifié, serrant une photo datée du 24 décembre 2003 dans sa main droite. Aucune trace du tueur, excepté un mystérieux symbole en forme de pomme… Une enquête est ouverte, dirigée par l'inspecteur Ishikura.

Deuxième jour

De nouveau réveillée par un mauvais rêve, Naomi découvre sur le miroir de sa salle de bains une étrange inscription qu'elle ne se rappelle pas avoir écrite, bien que les traces de rouge à lèvres sur ses doigts semblent prouver le contraire. Plus tard, sur son lieu de travail, elle tombe nez à nez avec Yasufumi Yûki, de retour au Japon après cinq ans d'absence. Après la répétition, la jeune fille retrouve le Dr Matsuzaki pour récupérer son agenda. En découvrant, stupéfaite, une photo où elle pose en compagnie de ses amis, elle se rend compte qu'elle n'a aucun souvenir d'une des personnes qui y figure et dont le visage a été gribouillé au marqueur.

Naomi Kuchiki

Flûtiste. Tourmentée toutes les nuits par le même cauchemar, elle finit par consulter un thérapeute.

Kazuo Tamaki

Pianiste. A dû renoncer à une carrière de soliste à cause d'une blessure à la main qu'il s'est faite cinq ans plus tôt.

Akiho Maya

Violoniste. Fiancée à Kazuo, elle sortait avec Yasufumi à la fac.

Yasufumi Yûki

De retour d'un séjour en Allemagne, il remplace le chef d'orchestre d'une comédie musicale, en plus de participer à son financement.

Tsuyoshi Ishikura

Inspecteur chargé de l'affaire de la momie sans tête.

Dr Matsuzaki

Psychothérapeute de Naomi.

Conductor

DEUXIÈME JOUR ②

C'ÉTAIT LE JOUR DU RÉVEILLON DE NOËL, IL Y A CINQ ANS...
COMME CHAQUE ANNÉE, LE CONSERVATOIRE ORGANISAIT UN CONCERT AVEC EN VEDETTE LES QUATRIÈME ANNÉE. AKIHO, YASUFUMI ET MOI, ON AVAIT ÉTÉ CHOISIS POUR Y PARTICIPER...
APRÈS LA REPRÉSENTATION, ON AVAIT PRIS CETTE PHOTO TOUS ENSEMBLE AVEC KAZUO, QUI AVAIT ASSISTÉ AU SPECTACLE...
DANS LA COUR DE L'AUDITORIUM, DEVANT LE CARILLON...

SEULEMENT...
JE N'AI AUCUN SOUVENIR DE CET HOMME !
À EN JUGER PAR CE CLICHÉ ...
VOUS AVIEZ L'AIR ASSEZ PRO-CHES...
VOUS NE VOUS SOUVE-NEZ VRAIMENT PAS DE LUI ?

NON...
DEUXIÈME JOUR : NAOMI KUCHIKI.
C'EST UN PROBLÈME BIEN PLUS GRAVE QU'UN SIMPLE VISAGE OUBLIÉ...
OU UN NOM QUI M'AURAIT ÉCHAPPÉ...
...
C'EST COMME SI L'ABSENCE DE CETTE PERSONNE CRÉAIT UN VIDE...
VOUS ÊTES SORTIE AVEC QUELQU'UN À L'UNIVER-SITÉ ?
JE L'IGNORE ...

ET DEPUIS ?
EST-CE QUE VOUS AVEZ...
PEUR DES HOMMES ?
JE NE SAIS PAS TROP...
MAIS JE RESSENS QUELQUE CHOSE D'APPROCHANT, OUI...
VOUS DIRIEZ QUE ÇA RESSEMBLE À UNE PHOBIE ?
EUH... JE N'IRAIS PAS JUSQUE-LÀ !
POURTANT, C'EST VRAI QU'INCONSCIEMMENT, J'ÉVITE LES HOMMES...
ET QUE JE N'AI JAMAIS EU ENVIE DE ME METTRE EN COUPLE...

ET AU LYCÉE ?
J'AVAIS UN PETIT AMI, EN PREMIÈRE...
IL S'APPELAIT COMMENT ?
SHINJI NAKATOMI ...
ET VOUS VOUS SOUVENEZ DE SON VISAGE ?
OUI...
coffee
LUNCH
JE VOIS ...
IL NE PEUT PAS S'AGIR D'UNE FORME RÉTROGRADE ...
ALORS ...
UN MÉCANISME SÉLECTIF, PEUT-ÊTRE ?
DE QUOI EST-CE QUE VOUS PARLEZ ?!
PARDON ...
FSH
JE NE VOULAIS PAS ÉVOQUER CE QUI N'EST ENCORE QU'UNE SIMPLE HYPOTHÈSE, CEPENDANT...

JE N'ÉCARTE PAS LA POSSIBILITÉ...
QUE VOUS SOYEZ ATTEINTE D'AMNÉSIE PARTIELLE !
UNE AMNÉSIE PARTIELLE ?!
MAIS C'EST ...
VOUS SAVEZ CE QUE ÇA SIGNIFIE ?
J'AURAIS DES TROUS DE MÉMOIRE ?
CE N'EST QU'UNE SUPPOSITION...

JE NE COMPRENDS PAS !
J'AI PLEIN DE SOUVENIRS DE CETTE ÉPOQUE, POURTANT !
JE VAIS TOUT VOUS EXPLIQUER ...
CALMEZ-VOUS !
SLURP
IL A RAISON... D'AILLEURS, JE N'AI PAS ENCORE TOUCHÉ À MON THÉ...

CE QUE JE VIENS DE VOUS DIRE VOUS ÉVOQUE PEUT-ÊTRE UNE FORME DE DÉMENCE QUI TOUCHE PARFOIS LES PERSONNES ÂGÉES...
C'EST VRAI...
UN PEU COMME LA MALADIE D'ALZHEIMER, CE GENRE DE CHOSES...
RIEN À VOIR AVEC CE QUE J'AI, ALORS ?
OUI ET NON...
SIGNES DE DÉMENCE
TROUBLES COGNITIFS
TROUBLES DE LA PENSÉE
AMNÉSIE
DÉSORIENTATION
EN FAIT, LA PERTE DE MÉMOIRE EST UN DES SYMPTÔMES CLASSIQUES DE LA DÉMENCE...
TOUT D'ABORD, SACHEZ QU'EN LANGAGE MÉDICAL, CE TERME NE DÉSIGNE PAS UNE QUELCONQUE FOLIE, MAIS UNE RÉDUCTION DES CAPACITÉS CO-GNITIVES...
CEPENDANT, AVOIR MAL AU VENTRE NE SIGNIFIE PAS FORCÉMENT QU'ON EST ATTEINT D'UN CANCER DE L'ESTOMAC ...
C'EST PAREIL DANS VOTRE CAS !

IL Y A PLUSIEURS SORTES DE MÉMOIRE... PAR EXEMPLE, LA MÉMOIRE PROCÉDURALE, QUI PERMET L'ACQUISITION DE COMPÉTENCES MOTRICES COMME FAIRE DU VÉLO OU JOUER D'UN INSTRUMENT ...
OU LA MÉMOIRE ÉPISODIQUE, QUI S'ATTACHE À CE QUE VOUS AVEZ FAIT À UN MOMENT ET À UN ENDROIT DONNÉS !
L'AMNÉSIE...
EST UN TROUBLE DE CETTE DERNIÈRE...
ELLE AFFECTE VOS SOUVENIRS.
AINSI, DANS LE CAS D'UNE AMNÉSIE PARTIELLE ...
ON SE RAPPELLE CERTAINS ÉVÉNEMENTS...
ET PAS D'AUTRES !

ÇA ARRIVE VRAIMENT, CE GENRE DE CHOSES ?
UNE PARTIE D'UN ÉPISODE RATTACHÉE À UNE PÉRIODE OU À UNE PERSONNE EN PARTICULIER !
OUI...
IL SE PEUT QU'IL VOUS MANQUE...
MAIS...
CE VIDE DEVRAIT CRÉER DES INCOHÉRENCES, NON ?
MÊME SI JE L'AI OUBLIÉ...
L'HOMME SUR CETTE PHOTO SEMBLE AVOIR JOUÉ UN RÔLE ASSEZ IMPORTANT DANS MA VIE...

À LA DIFFÉRENCE D'UNE CAMÉRA, LE CERVEAU HUMAIN N'ENREGISTRE PAS DES IMAGES PRÉCISES...
LA MÉMOIRE ÉPISODIQUE EST LIÉE AUX ÉMOTIONS...
ELLE A DONC TENDANCE À SE RÉÉCRIRE À SA CONVENANCE.
MÊME S'IL MANQUE UN PERSONNAGE DANS UNE SCÈNE, LE CERVEAU PEUT ALTÉRER LES SOUVENIRS POUR QUE TOUT CONCORDE !
DANS VOTRE CAS, VOUS AVEZ OUBLIÉ CETTE PERSONNE...
ET POURTANT, VOUS VOUS SOUVENEZ DES AUTRES !

EN EFFET...
JE ME RAPPELLE TOUT...
ABSOLUMENT TOUT, EXCEPTÉ CET HOMME !
POURQUOI ?
MON ENTRÉE AU CONSERVATOIRE...
MES AMIS...
LE JOUR DE LA REMISE DE DIPLÔMES...
CE GENRE D'AMNÉSIE PEUT ARRIVER APRÈS UN CHOC PHYSIQUE AU CERVEAU...
OU POUR DES RAISONS D'ORDRE PSYCHIQUE...

CE SERAIT ...
UN PROBLÈME PSYCHOLOGIQUE, ALORS ?
C'EST LA MÊME CAUSE...
OUI, COMME JE VOUS L'AI EXPLIQUÉ HIER, QUAND ON SUBIT UNE EXPÉRIENCE BRUTALE QUI RISQUE D'ÊTRE TRAUMATISANTE...
IL ARRIVE QUE CERTAINS SOUVENIRS SOIENT MIS SOUS CLÉ ...
POUR PROTÉGER LE MOI DU DÉSESPOIR, DE LA DOULEUR OU DE L'EFFROI, TROP DIFFICILES À SUPPORTER !
QUE MES CAUCHEMARS...
AUTREMENT DIT, L'HOMME DE MON RÊVE ET CELUI DE LA PHOTO SERAIENT LIÉS ?

JE SUIS ENTOURÉE DE TÉNÈBRES...
TAP
TAP
TAP
J'AI PEUR...
FSH

MADEMOISELLE KUCHIKI... ENSEMBLE, NOUS DÉCOUVRIRONS...
POURQUOI VOUS AVEZ OUBLIÉ CETTE PERSONNE !
LES TÉNÈBRES...
SE DISSIPENT...

TOUT VA BIEN SE PASSER...
JE SUIS AVEC VOUS !

D'ACCORD
...
立川駅
TACHIKAWA Sta.

TANAKA IMMOBILIER
ACHAT - VENTE - LOCATION
LE STUDIO 201...
C'EST BIEN ÇA ?
UN MEURTRE Y A ÉTÉ COMMIS, À CE QU'IL PARAÎT...
JE L'AI VU AUX INFOS !
POUR L'INSTANT, RIEN N'A ENCORE ÉTÉ PROUVÉ !
DEUXIÈME JOUR : TSUYOSHI ISHIKURA.

COMME JE VOUS L'AI DIT AU TÉLÉPHONE, CE STUDIO ÉTAIT CENSÉ ÊTRE VIDE !
VOUS ÊTES SÛR ?
ABSOLUMENT !
QUI EN POSSÈDE LA CLÉ ?
SEULEMENT NOUS, L'IMMEUBLE APPARTIENT À NOTRE AGENCE !

DANS CE CAS, LA PORTE A DÛ ÊTRE FORCÉE...
EN FAIT, CE BÂTIMENT DOIT ÊTRE DÉMOLI...
AH BON ?
IL A PLUS DE TRENTE ANS, APRÈS TOUT !
LE FAIRE RÉNOVER NOUS COÛTERAIT UNE FORTUNE ...
ET COMME IL EST PRESQUE ENTIÈREMENT INOCCUPÉ, ON PRÉFÈRE EN CONSTRUIRE UN NEUF À LA PLACE !
QUAND ÇA ?
CONCRÈTEMENT, AUCUNE DATE N'EST ENCORE ARRÊTÉE, MAIS ON ÉTAIT EN TRAIN DE PRÉPARER LES AVIS D'ÉVACUATION À ENVOYER AUX LOCATAIRES...

C'EST LOUCHE, CETTE HISTOIRE !
TU VAS LA FERMER, OUI ?!
LE COUPABLE ÉTAIT PEUT-ÊTRE AU COURANT...
JE PEUX VOUS POSER UNE AUTRE QUESTION ?
QUOI DONC ?
SNIF...
TOUT VA BIEN ?
IL N'A SÛREMENT PAS CHOISI CET ENDROIT AU HASARD...
VOUS AVEZ EU DES CLIENTS QUI CHERCHAIENT DES STUDIOS DANS LE QUARTIER, DERNIÈREMENT ?

IL A DÛ SÉLECTIONNER DES IMMEUBLES SELON DES CRITÈRES BIEN PRÉCIS...
ET CHOISIR CETTE RÉSIDENCE DANS LA LISTE !
NON...
DES APPARTEMENTS, OUI, MAIS DES STUDIOS...
AH, MOI J'EN AI EU UN LE MOIS DERNIER !
VRAIMENT ?!
CRR
JE CROIS...
JE M'EN SOUVIENS PARCE QUE C'ÉTAIT UNE DEMANDE ASSEZ COMPLIQUÉE...
UNE SECONDE, JE VÉRIFIE...
LÀ !
FORMULAIRE DE RECHERCHE
1. POUR QUELLE RAISON RECHERCHEZ-VOUS UN LOGEMENT ?
2. QUAND SOUHAITEZ-VOUS EMMÉNAGER ?
PRÉCISIONS, REQUÊTES PARTICULIÈRES
GARE

CE TYPE VOULAIT ABSOLUMENT UN STUDIO...
ET POURTANT IL N'AVAIT PAS DE LIMITE DE LOYER ?
ÇA N'A AUCUN SENS !
AVEC UN BUDGET ILLIMITÉ, POURQUOI N'A-T-IL PAS PRIS UN APPARTEMENT PLUS GRAND ?
SORTIE NORD
GARE
FENÊTRE CÔTÉ SUD
CETTE ÉTOILE EST PROCHE DES LIEUX DE L'ENQUÊTE...
ET CETTE FENÊTRE ORIENTÉE AU SUD...
C'EST LA CONFIGURATION EXACTE DE LA PIÈCE OÙ ON A RETROUVÉ LE CADAVRE !
QUEL ÉTAIT LE SEXE DU CLIENT QUI A REMPLI CE FORMULAIRE ?
C'ÉTAIT UNE FEMME...
IL DEVRAIT Y AVOIR SON NOM ÉCRIT AU DOS...

RIEN NE PROUVE QUE CE SOIT SA VÉRITABLE IDENTITÉ...
AU CONTRAIRE, IL EST FORT PROBABLE QU'IL S'AGISSE D'UN FAUX NOM...
MAIS IL FAUT QUAND MÊME VÉRIFIER !
AKIHO MAYA

DEUXIÈME JOUR : KAZUO TAMAKI.
AKIHO A SANS DOUTE DEVINÉ QUE LE RETOUR DE YASUFUMI ME PERTURBAIT...
ELLE A TOUJOURS EU BEAUCOUP D'INTUITION !
EST-CE QU'ELLE EST DÉÇUE DE MA JALOUSIE ?
TING
ズ
キッ
MA BLESSURE À LA MAIN ME LANCE ENCORE...
EXCUSEZ-MOI...

VOUS ÊTES BIEN M. KAZUO TAMAKI ?
COMMENT VOUS CONNAISSEZ MON NOM ?
PARDON, JE NE ME SUIS PAS PRÉSENTÉ...
VOICI MA CARTE !
WEDNESDAY
KEISUKE NOJIMA
RÉDACTEUR
2-7 ARRONDISSEMENT DE CHIYODA, TOKYO, 10225
Tel : (03) 4234-□□6□
Fax : (03) 4234-□98□
http://wednesday.□□.jp
UN JOURNALISTE ?
J'AI À VOUS PARLER D'UNE AFFAIRE URGENTE...
JE N'AI RIEN À VOUS DIRE !
NE VOUS MÉPRENEZ PAS, CE N'EST PAS À PROPOS DE VOUS...

C'EST AU SUJET DE YASUFUMI YÛKI, VOTRE CHEF D'ORCHESTRE !
QU'EST-CE QUE VOUS LUI VOULEZ ?
HMM... CE N'EST PAS LE MEILLEUR ENDROIT POUR EN DISCUTER...
...
JE VOUS LE RÉPÈTE : JE NE SUIS AU COURANT DE RIEN !
ATTENDEZ, ACCORDEZ-MOI SEULEMENT 30 MINUTES !
ÉCOUTEZ MON HISTOIRE, ET SI VOUS NE POUVEZ PAS M'AIDER, TANT PIS...
BON, D'ACCORD ...

café
IL EST BON, CE CAFÉ...
ALLONS, PAS BESOIN DE SE PRÉCIPITER...
ÇA N'A RIEN DE PRÉCIPITÉ !
ON A DIT TRENTE MINUTES, PAS UNE DE PLUS !
ALORS, DE QUOI VOUS VOULIEZ ME PARLER ?
AH...
C'EST VRAI ! DANS CE CAS...
VOUS SAVIEZ QUE M. YÛKI ÉTAIT PARTI FAIRE UN VOYAGE D'ÉTUDES EN ALLEMAGNE, N'EST-CE PAS ?
OUI...
ET CE QUI S'EST PASSÉ APRÈS ?

APRÈS ?
IL A SUIVI UNE FORMATION DE CHEF D'ORCHESTRE PENDANT DEUX ANS DANS UNE ÉCOLE D'ART ET DE MUSIQUE ALLEMANDE...
PUIS IL A POSTULÉ AU PROGRAMME DE FORMATION À L'ÉTRANGER POUR ARTISTES DÉBUTANTS DU MINISTÈRE DE LA CULTURE ET EST RESTÉ TROIS ANS DE PLUS LÀ-BAS...
EN BREF, IL A FAIT DES ÉTUDES EN EUROPE AUX FRAIS DE L'ÉTAT !
C'EST COOL D'AVOIR DU TALENT !
IL EST REVENU À LA FIN DU PROGRAMME, ALORS...
NON, SON SÉJOUR AURAIT DÛ SE PROLONGER JUSQU'AU MOIS PROCHAIN...
IL A BRUSQUEMENT DÉCIDÉ DE TOUT LÂCHER POUR RENTRER AU PAYS PLUS TÔT QUE PRÉVU !
MAIS POURQUOI ?

OFFICIELLEMENT, POUR DES RAISONS DE SANTÉ...
AUTREMENT DIT, IL EXISTE UNE RAISON OFFICIEUSE !
NE LAISSE RIEN PARAÎTRE...
GARDE TON CALME...
PEU AVANT SON RETOUR AU JAPON, IL S'EST PRODUIT UN INCIDENT DANS SON ORCHESTRE...
COMMENT ÇA ?
EH BIEN...
UNE DES VIOLONISTES DE L'ENSEMBLE EST MORTE !
QUOI ?
VOUS ÊTES SÉRIEUX ?
OUI...
ON L'A RETROUVÉE AU PIED DE SON IMMEUBLE...
ELLE SERAIT TOMBÉE DE SON BALCON...
UN SPECTACLE ATROCE, À CE QU'IL PARAÎT...
LA POLICE A OUVERT UNE ENQUÊTE, PRÉSUMANT QUE C'ÉTAIT UN SUICIDE OU UN ACCIDENT...

CEPENDANT...
LA RAMBARDE DU BALCON DE SA CHAMBRE ÉTAIT ASSEZ HAUTE...
ON EN A DONC CONCLU QU'IL ÉTAIT PEU PROBABLE QUE LA VICTIME SOIT TOMBÉE PAR MÉGARDE.
ET C'EST...
JUSTE APRÈS SA MORT...
QUE YASUFUMI YÛKI EST RENTRÉ AU JAPON !
ドキ
BOBOM
LE DÉCÈS D'UN DES MEMBRES DE SON ORCHESTRE LUI A PEUT-ÊTRE CAUSÉ UN CHOC ?
BOBOM
ドキ
BOBOM
ドキ
EFFECTIVEMENT, IL A DÛ ÊTRE SECOUÉ...
APRÈS TOUT, CETTE FEMME...

BOBOM
C'ÉTAIT SA PETITE AMIE !
TU DOIS RESTER IMPASSIBLE...
IL NE FAIT PAS RÉFÉRENCE À CE QUI S'EST PASSÉ IL Y A CINQ ANS...
PERSONNE N'EST AU COURANT À PART NOUS !
VOUS VOULEZ DIRE QU'ELLE SE SERAIT SUICIDÉE À CAUSE DE LUI ?
SI CE N'ÉTAIT QUE ÇA, JE NE ME DONNERAIS PAS LA PEINE D'ENQUÊTER !
JE VAIS ÊTRE FRANC : BIEN QUE YASUFUMI YÛKI SEMBLE ÊTRE UN CHEF D'ORCHESTRE PROMETTEUR ...
COMME IL N'A ENCORE AUCUN SUCCÈS À SON ACTIF, IL EST TRÈS PEU CONNU...
UN ARTICLE LÀ-DESSUS N'INTÉRESSERAIT PERSONNE !

DANS CE CAS ...
POUR-QUOI CETTE AFFAIRE VOUS PASSIONNE-T-ELLE ?
EN FAIT, DEPUIS LE DÉPART DE VOTRE AMI...
UNE RUMEUR CIRCULE AU SEIN DE SON ANCIEN OR-CHESTRE...
EN RÉALITÉ, LA MORT DE CETTE VIOLO-NISTE...
NE SERAIT PAS UN SUICIDE !
VOUS PENSEZ VRAIMENT ...

QU'IL L'AURAIT TUÉE ?
CE QUE JE VAIS VOUS DIRE VA SANS DOUTE VOUS PARAÎTRE DÉPLACÉ, MAIS...
HONNÊTEMENT, POUR MON REPORTAGE, JE PRÉFÉRERAIS QUE CE SOIT LE CAS !
CALME-TOI !
CETTE HISTOIRE NE TIENT PAS DEBOUT !
BAM
POURQUOI C'EST LE VISAGE D'AKIHO QUE JE VOIS QUAND JE PENSE À CETTE PAUVRE FILLE ?

VOUS POUVEZ L'AFFIRMER AVEC CERTITUDE ?
CETTE AFFAIRE INTÉRESSE AUSSI LA POLICE LOCALE...
ズキ
TING
GH...
AH, ÇA RECOMMENCE !
IMAGINEZ UN PEU LES GROS TITRES : "MEURTRE D'UNE JEUNE MUSICIENNE PAR UN CHEF D'ORCHESTRE EN VOYAGE D'ÉTUDES" !
BREF, J'AIMERAIS BIEN...
SURVEILLER LES AGISSEMENTS DE M. YÛKI QUELQUE TEMPS...

DÉSOLÉ, JE NE PEUX RIEN POUR VOUS !
PRIMO, J'IGNORE TOUT DE SON SÉJOUR À MUNICH...
SECUNDO, NE COMPTEZ PAS SUR MOI POUR CRACHER SUR LUI ! ON EST AMIS DEPUIS LA FAC !
JE SUIS AU COURANT !
ET JE SAIS AUSSI QUE VOTRE FIANCÉE, Mlle MAYA...
SORTAIT AVEC LUI, AUTREFOIS !

QU...
IL EST BIEN RENSEIGNÉ !
EST-CE QUE LE RETOUR DE CE "VIEIL AMI DE FAC"...
NE MET PAS EN DANGER VOS PROJETS DE MARIAGE ?
JE NE PEUX PAS LE NIER, MAIS...
JE NE VOIS PAS EN QUOI ! AKIHO ET MOI AVONS FAIT TABLE RASE DU PASSÉ !
FSH
VOUS ME CROYEZ MESQUIN AU POINT DE PIÉGER UN AMI PAR JALOUSIE ?!
SUPPOSONS QU'IL SOIT EFFECTIVEMENT CAPABLE DE TUER DE SANG-FROID...

VOTRE FIAN-CÉE POURRAIT BIEN ÊTRE SA PROCHAINE VICTIME !

VOUS N'AVEZ QU'À ALERTER LES AUTORITÉS !
ELLES NE PEUVENT PAS AGIR À CE STADE, VOUS LE SAVEZ TRÈS BIEN !
PARCE QUE VOUS N'AVEZ AUCUNE PREUVE QUE YASUFUMI SOIT UN MEURTRIER !
C'EST POUR CETTE RAISON...
QUE J'AIMERAIS QUE VOUS LE SURVEILLIEZ POUR MOI !
ET PUIS, SI JE PUBLIE UN ARTICLE, LA POLICE NE RESTERA PAS LES BRAS CROISÉS...
M. YÛKI SERA ALORS ARRÊTÉ...
ET LIVRÉ AU GOUVERNEMENT ALLEMAND !

FUIT
POF
QU'EST-CE QUE VOUS EN DITES ?
CE SERAIT SALUTAIRE POUR VOTRE BONHEUR CONJUGAL, NON ?
VOUS N'ÊTES PAS OBLIGÉ DE ME DONNER VOTRE RÉPONSE TOUT DE SUITE !
TING
ENCORE CETTE DOULEUR QUI ME LANCE...
DEMAIN, JE VOUS APPORTERAI DES PREUVES DE CE QUE J'AVANCE...
VOUS POURREZ DÉCIDER QUOI FAIRE À CE MOMENT-LÀ !

VOUS NON PLUS ...
VOUS NE SOUHAITEZ PAS RESTER ÉTERNELLEMENT PRISONNIER DU PASSÉ, N'EST-CE PAS ?
JE VOUS RECONTACTERAI !
LE PASSÉ...
C'EST VRAI...
CE NE SONT PAS LES ÉVÉNEMENTS D'IL Y A CINQ ANS QUI INTÉRESSENT CE TYPE...

AU CONTRAIRE, SI LES CHOSES SE DÉROULENT COMME IL LE PRÉTEND...
TOUT DEVRAIT S'ARRANGER !
BOBOM
BOBOM
BOBOM
BOBOM
BOBOM
DEUXIÈME JOUR : AKIHO MAYA.

"JE SUIS UN PEU FATIGUÉ, AUJOURD'HUI..."
C'ÉTAIT QUOI, CE COMPORTEMENT RIDICULE ?
IL AVAIT BEAU ESSAYER DE JOUER LA COMÉDIE, JE LE CONNAIS PAR CŒUR...
IL N'Y AVAIT QU'À VOIR SON REGARD POUR DEVINER QU'IL CREVAIT DE JALOUSIE ! COMME S'IL ME DEMANDAIT...
"EST-CE QUE TU AIMES ENCORE YASUFUMI ?"
VRR
J'AI ÉTÉ AMOUREUSE DE LUI, C'EST VRAI...
MAIS QUAND ON S'EST QUITTÉS IL Y A CINQ ANS, KAZUO A BIEN DÛ COMPRENDRE CE QUE JE RESSENTAIS !

IL SUFFIRAIT QU'IL S'EXCUSE ...
LES SENTIMENTS QUE J'ÉPROUVE POUR LUI SONT SINCÈRES...
MÊME SI JE N'OUBLIE PAS POUR AUTANT L'AMOUR QUE J'AVAIS POUR YASUFUMI !
MAIS SI C'EST MOI QUI L'APPELLE...
KAZUO AURA L'IMPRESSION QUE JE CHERCHE À ME JUSTIFIER...
CLAC
ON NE PEUT PAS EFFACER LE PASSÉ...
PIN TON
PIN TON

UNE VOITURE DE POLICE ?
IL Y A PEUT-ÊTRE EU UN ACCIDENT...
?!
QU'EST-CE QU'IL FOUT PLANTÉ LÀ, CE TYPE ?
TAP
TAP
TAP

TAP
IL ME SUIT ?!
TAP
TAP
TAP
TAP
TAP
NON !!
AH !
PAF
QU...
QU'EST-CE QUI VOUS PREND ?

PERSONNE !
J'AI RÊVÉ ?

UNE AMNÉSIE PARTIELLE ?
J'AI EU UNE VIE DES PLUS BANALES...
IL NE M'EST JAMAIS RIEN ARRIVÉ QU'ON PUISSE QUALIFIER DE TRAUMATISANT...
ET SI C'ÉTAIT FAUX ?
SI JE NE POUVAIS PAS FAIRE CONFIANCE À MES PROPRES SOUVENIRS...
À QUOI EST-CE QUE JE POURRAIS ME FIER ?!

ET CETTE PHOTO...
DEPUIS QUAND TRAÎNE-T-ELLE DANS MON AGENDA ?
COMMENT ÇA SE FAIT QUE JE NE L'AI PAS REMARQUÉE AVANT ?
IMPOSSIBLE !

VSH
CE CLICHÉ DATE DE LA CÉRÉMONIE D'ENTRÉE...
CELUI-LÀ, DE LA SOIRÉE D'INTÉGRATION...
J'ÉTAIS ROUGE COMME UNE PIVOINE !
HI HI !
TIENS ?

SUR CETTE PHOTO...
LÀ AUSSI ...
SUR CELLE-CI AUSSI !

PLIC
PLIC
PLIC
DIS-MOI...
JE T'EN PRIE...

DIS-MOI...
QUI TU ES !
J'AI COMME UN POIDS SUR LA POITRINE...
J'ÉTOUFFE...

MON PORTABLE ?
OUI...
ALLÔ ?
MADEMOISELLE KUCHIKI ?
C'EST MOI...
C'EST L'INSPECTEUR ARAGAKI, DU COMMISSARIAT DE KUNITACHI... ON S'EST RENCONTRÉS HIER !
EST-CE QUE VOUS AVEZ UN MOMENT ?
EUH... OUI...
JE ME SUIS UN PEU RENSEIGNÉ, ET IL SE TROUVE QUE VOTRE APPARTEMENT DONNE SUR LES LIEUX DU CRIME !

AH BON ?
DEPUIS QUAND HABITEZ-VOUS ICI ?
DEPUIS LA FIN DE MES ÉTUDES, SOIT ENVIRON CINQ ANS...
D'AC-CORD ...
EST-CE QUE VOUS POURRIEZ JETER UN ŒIL PAR LA FENÊTRE ?
AH, JE VOUS VOIS !
MAIS POURQUOI VOUS...
DÉSOLÉ, C'ÉTAIT JUSTE POUR VÉRIFIER !
VÉRIFIER QUOI ?

EN FAIT...
CE STUDIO N'EST VISIBLE QUE DEPUIS CHEZ VOUS !
VOTRE IMMEUBLE A UNE FORME UN PEU PARTICULIÈRE... IL N'Y A QUE VOTRE APPARTEMENT QUI DONNE SUR LA PIÈCE OÙ JE ME TROUVE !
ON NE VOIT RIEN DE L'ÉTAGE DU DESSOUS, À CAUSE DE LA RAMBARDE ...
ET L'ÉTAGE DU DESSUS EST INOCCUPÉ...
POURQUOI EST-CE QUE VOUS VOUS INTÉRESSEZ PRÉCISÉMENT AU BÂTIMENT OÙ J'HABITE ?
IL Y EN A D'AUTRES JUSTE À CÔTÉ !
EXACT ...
COMME JE VOUS L'AI DIT, JE NE FAIS QUE VÉRIFIER !
CLIC

IL A RACCROCHÉ...
FRSH
QU'EST-CE QUE ÇA SIGNIFIE ?!
C'EST QUOI, CETTE AFFAIRE ?
ILS DOIVENT BIEN EN PARLER AUX INFOS...
ENTREPRISE SOUCIEUSE DE L'ENVIRONNEMENT...
BIP
PASSONS À LA QUESTION SUIVANTE...
BIP
BIP
LE CORPS RETROUVÉ DANS LE STUDIO A ÉTÉ RÉDUIT À L'ÉTAT DE MOMIE...
MAIS C'EST L'IMMEUBLE D'EN FACE !

LA TÊTE A ÉTÉ SECTIONNÉE ...
ET ON IGNORE ENCORE CE QU'ELLE EST DEVENUE...
LE CORPS A ÉTÉ... DÉCAPITÉ ?
BOBOM
BOBOM
BOBOM
COMME DANS...
BOBOM

NON...
CE N'EST SÛREMENT QU'UNE SIMPLE COÏNCIDENCE !
CHAPITRE 3 - FIN

Conductor
TROISIÈME JOUR ①

C'ÉTAIT IL Y A CINQ ANS, MAIS JE M'EN SOUVIENS COMME SI C'ÉTAIT HIER...
DE CE CONCERT DE FIN D'ANNÉE DU CONSER-VATOIRE À L'OPERA CITY...
MON PREMIER PAS VERS UN FUTUR RAYONNANT...
J'AVAIS FAIT DE NOMBREUX SACRI-FICES POUR EN ARRIVER LÀ !

ON AVAIT JOUÉ LA SYMPHONIE N° 9 EN RÉ MINEUR, OP. 125 DE BEETHOVEN...
"L'HYMNE À LA JOIE" ...
VOILÀ CE QU'AURAIT DÛ ÊTRE MA VIE À PARTIR DE CE MOMENT-LÀ...
TRILILI

TRILILI
プルルル
プルルル
TRILILI
TROISIÈME JOUR : YASUFUMI YÛKI.
AH LÀ LÀ...
PILE PENDANT MON PETIT MOMENT DE DÉTENTE DU MATIN !
ALLÔ ?
BIP
ALLÔ ? C'EST YÔICHIRÔ AIBA, LE PRODUCTEUR... DÉSOLÉ DE VOUS APPELER AUSSI TÔT !
EST-CE QUE VOUS AURIEZ CINQ MINUTES ?
BIEN SÛR, VOUS NE ME DÉRANGEZ PAS !
COMMENT S'EST PASSÉE LA PREMIÈRE RÉPÉTITION ?

CE N'ÉTAIT QU'UNE MISE EN JAMBES ...
LE NIVEAU EST ASSEZ HÉTÉROGÈNE, MAIS JE PENSE QUE L'ENSEMBLE DEVRAIT PRENDRE FORME D'ICI LE JOUR J...
ÇA ME RÉCONFORTE DE VOUS ENTENDRE DIRE ÇA, YASUFUMI !
VOUS NE ME TÉLÉPHONEZ PAS QUE POUR ÇA, JE PRÉSUME...
QUELLE EST LA VRAIE RAISON DE VOTRE APPEL ?
AH, OUI...
DEUX CHOSES ...
LE METTEUR EN SCÈNE M'A CONTACTÉ... IL SOUHAITERAIT COMMENCER LES RÉPÉTITIONS COMMUNES DÈS DEMAIN !
C'EST VRAI QUE LA PREMIÈRE APPROCHE À GRANDS PAS...
D'ACCORD, JE FERAI LE NÉCESSAIRE !
ET PUIS, EN CE QUI CONCERNE NOTRE PETITE AFFAIRE... EUH...

J'AI EFFECTUÉ LA DEMANDE DE VIREMENT HIER !
30 MILLIONS DE YENS*...
*ENVIRON 270 000 EUROS. NDT.
C'EST LA TOTALITÉ DE LA SOMME QUE J'AI REÇUE EN HÉRITAGE, IL Y A UN MOIS, À LA MORT DE MON PÈRE...
JE N'AI PAS COUPÉ COURT À MON VOYAGE D'ÉTUDES PARCE QUE JE VOULAIS ARRÊTER LA MUSIQUE...
MAIS PARCE QUE J'ESTIMAIS QU'IL ÉTAIT DE MON DEVOIR, EN TANT QU'AÎNÉ, DE LUI SUCCÉDER À LA TÊTE DE L'ENTREPRISE, COMME IL LE SOUHAITAIT !
SEULEMENT VOILÀ...

"JE ME CHARGE DE LA COMPAGNIE..."
"TU POURRAS TE CONCENTRER SUR TA MUSIQUE !"
D'ACCORD, FRANGIN, REPRENDS LES AFFAI-RES FAMI-LIALES SI ÇA TE CHANTE...
EN RE-VANCHE ...
JE TROUVE ÇA INACCEP-TABLE, EN TANT QU'AÎNÉ, DE NE RE-CEVOIR...
QUE CET AP-PARTEMENT ET 30 MILLIONS DE YENS EN GUISE D'HÉRITAGE !
MERCI BEAUCOUP !
JE SUIS SOULAGÉ !

MAINTENANT, C'EST À VOUS DE TENIR VOTRE PROMESSE : JE VEUX 40 % DES RECETTES !
BIEN SÛR ! NOTRE ARRANGEMENT TIENT TOUJOURS, RASSUREZ-VOUS !
JE VOUS FAIS CONFIANCE...
SUR CE, JE VOUS LAISSE !
BIP
PFF...
HI HI...
JE SUIS UN VRAI RAPACE !
HA HA HA !

EN FIN DE COMPTE, TEL PÈRE, TEL FILS !
FSHHHH
ON A FAIT CHOU BLANC SUR TOUTE LA LIGNE, HIER !
CHIRURGIE - RÉC
QUAND ON S'EST RENDU COMPTE QUE L'ADRESSE LAISSÉE PAR CETTE AKIHO MAYA CORRES-PONDAIT EN FAIT À UN CIMETIÈRE PRÈS DE LA GARE DE TAMA-GAWA-JÔSUI...
J'AI PENSÉ QU'ON SE RAPPROCHAIT UN PEU DU COU-PABLE, MAIS...

SI ÇA SE TROUVE, IL A DONNÉ LA PREMIÈRE ADRESSE QUI LUI PASSAIT PAR LA TÊTE !
ÇA, C'EST IMPOSSIBLE ...
IL L'A SÛREMENT CHOISIE EXPRÈS, EN SACHANT QU'ON FERAIT LE DÉPLACEMENT...
SI ON TROUVE QUELQUE CHOSE LÀ-BAS, CE SERA FORCÉMENT UN INDICE QU'IL AURA ABANDONNÉ VOLONTAIREMENT DERRIÈRE LUI !
PEUT-ÊTRE QU'ON AURA DU NOUVEAU GRÂCE À L'EXAMEN DE LA MOMIE !
VOUS AVEZ DÉCOUVERT QUELQUE CHOSE, DOCTEUR MATSUMOTO ?
TROISIÈME JOUR : TSUYOSHI ISHIKURA.

OH, VOUS SAVEZ...
MOI, MON BOULOT, C'EST SEULEMENT DE VOUS COMMUNIQUER LES RÉSULTATS DE L'AUTOPSIE !
ALORS ...
À QUAND REMONTE LE DÉCÈS ?
L'EXAMEN OFFICIEL N'EST PAS ENCORE TERMINÉ, MAIS VU L'ÉTAT DU CORPS, À MON AVIS, IL EST RESTÉ SOUS TERRE PENDANT AU MOINS QUATRE ANS...
DONC, AUTREMENT DIT, IL A ÉTÉ EXHUMÉ TOUT RÉCEMMENT ?
OUI, C'EST FORT PROBABLE !
QUEL PEUT BIEN ÊTRE LE BUT DE CE TYPE ?
SI CE CADAVRE ÉTAIT RESTÉ ENTERRÉ, LE CRIME N'AURAIT JAMAIS ÉTÉ DÉCOUVERT...
AUCUNE ENQUÊTE N'A ÉTÉ OUVERTE EN QUATRE ANS...

SELON VOUS, IL A ÉTÉ INHUMÉ AVEC SA TÊTE ?
IL Y A DES TRACES DE COUPURES RÉCENTES SUR LES OS DU COU...
LE CORPS A SÛREMENT ÉTÉ DÉCAPITÉ APRÈS EXHUMATION !
LES VERTÈBRES ONT ÉTÉ SECTIONNÉES TRÈS PROPREMENT À LA JOINTURE, À L'AIDE D'UNE LAME ACÉRÉE ...
LE COUPABLE POSSÉDERAIT DES CONNAISSANCES MÉDICALES ?
NON, PAS LA PEINE D'ALLER AUSSI LOIN...
IL PEUT TOUT SIMPLEMENT S'AGIR D'UNE PERSONNE TRÈS SOIGNEUSE !
ÇA, JE M'EN SERAIS DOUTÉ...

UNE IDÉE DE LA CAUSE DU DÉCÈS ?
VU L'ÉTAT DU CADAVRE, IL NOUS FAUDRA ENCORE DU TEMPS POUR LA DÉTERMINER...
POURTANT, IL AVAIT DES OS BRISÉS, NON ?
EN EFFET, ON A OBSERVÉ DES BLESSURES SÉVÈRES À LA MAIN GAUCHE, À L'OS ILIAQUE GAUCHE ET AU FÉMUR GAUCHE...
MAIS ELLES N'ONT PAS PU PROVOQUER LA MORT DIRECTEMENT !
...
POURQUOI TOUTES LES FRACTURES SONT DU MÊME CÔTÉ ?
IL NOUS MANQUE TOUJOURS LE PLUS IMPORTANT : LA TÊTE...
SANS CET ÉLÉMENT, JE NE PEUX QUE FAIRE DES SUPPOSITIONS !

OBSERVEZ D'ABORD L'EMPLACEMENT DES TRAUMATISMES...
LÀ...
LÀ...
ET LÀ !
SI CETTE PERSONNE ÉTAIT MORTE APRÈS AVOIR ÉTÉ PASSÉE À TABAC, ILS NE SERAIENT PAS TOUS SITUÉS D'UN SEUL CÔTÉ...
JE ME DEMANDE SI CES BLESSURES NE SERAIENT PAS LIÉES À UN ACCIDENT !
VOUS PENSEZ QUE LA VICTIME A ÉTÉ RENVERSÉE PAR UNE VOITURE ET QU'ON A ENSUITE CHERCHÉ À DISSIMULER SON CORPS ?
BAH, À CE STADE DE L'EXAMEN, CE NE SONT QUE DES HYPOTHÈSES...

D'ACCORD, MAIS DANS CE CAS, POURQUOI EXHUMER LE CADAVRE DES ANNÉES PLUS TARD ?
C'EST QUAND MÊME BIZARRE !
ÇA, JE VOUS LAISSE LE DÉCOUVRIR... ALLEZ FAIRE VOTRE BOULOT !
QUOI ?! MAIS DOCTEUR...
MERCI POUR LES INFOS !
HEIN ?!
ATTENDEZ, INSPECTEUR, JE VIENS AVEC VOUS !
2E SALLE DE CONSULTATION
ON NE DÉTERRE PAS UN CADAVRE SANS RAISON...
QUANT AU FAIT DE LUI TRANCHER LA TÊTE, CE GESTE A FORCÉMENT UNE SIGNIFICATION !
TANT QU'ON N'AURA PAS RÉSOLU CES ÉNIGMES, ON NE POURRA PAS TROUVER LE COUPABLE !

C'EST VRAIMENT UN ADVERSAIRE REDOUTABLE !
TROISIÈME JOUR : NAOMI KUCHIKI.

JE N'AI QUASIMENT PAS FERMÉ L'ŒIL DE LA NUIT...
AU PETIT MATIN, ALORS QUE JE PENSAIS ENFIN TROUVER LE SOMMEIL...
JE ME SUIS REMISE...
À FAIRE CE CAUCHEMAR !
SI JE NE ME LÈVE PAS TRÈS VITE, JE VAIS RATER LA RÉPÉTITION...
MAIS JE N'AI PAS ENVIE DE BOUGER...
SI JE ME REPOSAIS, AUJOURD'HUI ?
QUI PEUT BIEN M'APPELER À UNE HEURE PAREILLE ?

ALLÔ ?
M. MATSU-ZAKI À L'APPAREIL ...
DOCTEUR !
BONJOUR !
DÉSOLÉ DE VOUS DÉRANGER ...
JE VOUDRAIS VOUS CONFIER UNE MISSION, NAOMI...
IL M'APPELLE PAR MON PRÉNOM ?
UNE MISSION ?
OUI, C'EST INDISPENSABLE POUR QUE VOUS RETROUVIEZ LA MÉMOIRE...
SUR LA PHOTO QUE VOUS M'AVEZ MONTRÉE HIER, VOUS POSIEZ AVEC D'AUTRES PERSONNES, N'EST-CE PAS ?

VOUS AVEZ GARDÉ CONTACT AVEC ELLES ?
OUI, ON TRAVAILLE ENSEMBLE EN CE MOMENT...
PARFAIT, ÇA TOMBE BIEN !
DEMANDEZ-LEUR CE QU'ELLES SAVENT SUR L'HOMME DE LA PHOTO ...
ET SUR VOS LIENS AVEC LUI !
AH...
COMME J'ÉTAIS TROP CHOQUÉE POUR PENSER À AUTRE CHOSE...
JE N'AVAIS PAS FAIT LE RAPPROCHEMENT !

CE N'EST PAS MOI QUI RESTE SEULE PARCE QUE JE SUIS INCAPABLE DE TIRER UN TRAIT SUR LE PASSÉ !
CE QUE M'A DIT AKIHO HIER...
CONCERNAIT PEUT-ÊTRE CET HOMME !
VOUS VOUS EN SENTEZ CAPABLE ?
OUI !
FAITES JUSTE ATTENTION À UNE CHOSE ...
QUOI DONC ?
NE CROYEZ PAS AVEUGLÉ-MENT TOUT CE QU'ON VOUS RACONTE !
COMMENT ÇA ?
VOS INTER-LOCUTEURS POURRAIENT ÊTRE TENTÉS DE VOUS MENTIR !

ME MENTIR ?
OUI, CERTAINES PERSONNES CHERCHERONT PEUT-ÊTRE À VOUS CACHER LA VÉRITÉ...
POUR NE PAS VOUS BLESSER, OU TOUT SIMPLE-MENT PAR MALVEIL-LANCE !
AKIHO ET LES AUTRES FERAIENT UNE CHOSE PAREILLE ?

EN CAS D'AMNÉSIE ...
IL ARRIVE PARFOIS QU'ON PRENNE DES MENSONGES POUR ARGENT COMPTANT...
ET QUE NOS SOUVENIRS SOIENT RÉÉCRITS POUR COLLER À LA NOUVELLE VERSION QU'ON NOUS A DONNÉE !
JE VOIS, IL FAUT GARDER UN REGARD OBJECTIF...
JE COMPRENDS...
TRÈS BIEN, PRÉVENEZ-MOI SI VOUS APPRENEZ QUELQUE CHOSE D'INTÉRESSANT !
D'ACCORD...
BIP

TIENS, AKIHO N'EST PAS ENCORE ARRIVÉE ?
KAZUO ...
OÙ EST AKIHO ?
J'EN SAIS RIEN !
GLOUPS

PEUT-ÊTRE...
ELLE N'ÉTAIT PAS AVEC TOI ?
NON...
QU'ILS SE SONT DISPUTÉS AU SUJET DE YASUFUMI, N'EMPÊCHE...
LA RÉPÉTITION VA BIENTÔT COMMENCER... QU'EST-CE QU'ELLE FABRIQUE ?
TAP
TAP
IL MANQUE UNE PERSONNE !

NAOMI, TU SAIS OÙ ELLE EST ?
NON, JE NE L'AI PAS VUE AUJOURD'HUI...
ET TOI...
KAZUO ?
POURQUOI TU ME POSES LA QUESTION ?
POURQUOI ?
TU ES LE CHEF DE PUPITRE, SI JE NE M'ABUSE...
QUAND IL N'Y A QUE DEUX VIOLONISTES, IL SUFFIT QU'IL EN MANQUE UN POUR QU'ON NE PUISSE PLUS RÉPÉTER... TON RÔLE, C'EST PRÉCISÉMENT DE SAVOIR OÙ SE TROUVENT TOUS TES COLLÈGUES INSTRUMENTISTES POUR QUE CE GENRE DE SITUATION NE SE PRODUISE PAS !
JE VAIS LUI PASSER UN COUP DE FIL !

CLAC
AKIHO ...
TAP
TAP
TAP
TAP
PRÉVENEZ QUELQU'UN SI VOUS ÊTES EN RETARD...
NE M'OBLIGEZ PAS À VOUS RAPPELER DES ÉVI-DENCES !

DÉSOLÉE !
BON, PASSONS ...
AVANT DE COMMENCER, JE VOUDRAIS VOUS PRÉSENTER QUELQU'UN !
VOICI M. KASHIWAI, LE METTEUR EN SCÈNE DE CETTE COMÉDIE MUSICALE...
CLAP
パチ
CLAP
パチ
CLAP
パチ
CLAP
パチ
CLAP
パチ
BIEN, AU TRAVAIL !
AAH...
POURQUOI ON L'APPLAUDIT, AU JUSTE ?

STOP !
LES TROMPETTES NE SONT PAS DANS LE TEMPO...
CE N'EST PAS "TAN TATAN" MAIS "TAN HMM TATAN" !
ET LA FLÛTE EST TROP FAIBLE...
CE PASSAGE DOIT ÊTRE JOUÉ "FORTE" !
MÊME SI LES MICROS AMPLIFIENT LE SON, VOUS DEVEZ ADAPTER VOTRE VOLUME EN FONCTION DE L'ÉQUILIBRE DE L'ENSEMBLE !
AÏE...
IL FAUT QUE JE ME CONCENTRE...
D'ACCORD !
ON REPREND DEPUIS LE DÉBUT !

LES VIOLONS NE SONT PAS EN RYTHME... ICI, ÇA DEVRAIT ÊTRE "TAA LA LA" !
ET PUIS L'ACCENTUATION EST LÉGÈRE... TÂCHEZ DE COMPRENDRE LE SENS DE LA PARTITION AVANT DE JOUER !
ENTENDU !
TU T'EN SOUVIENDRAS SANS PRENDRE DE NOTES ?
OUI, ÇA IRA !
TU ES DE BIEN MAUVAISE HUMEUR, DIS-MOI !
TU NE TE SERAIS PAS DISPUTÉE AVEC TON PETIT AMI, PAR HASARD ?
...
NON, AUCUN SOUCI !

BON... ON REPREND DEPUIS LE DÉBUT !
LES PIANOS !
MES CONSIGNES S'ADRESSENT À TOUT LE MONDE !
CE N'EST PAS PARCE QUE VOUS JOUEZ D'UN AUTRE INSTRUMENT QUE VOUS N'ÊTES PAS CONCERNÉS !
BIEN SÛR, JE VAIS FAIRE ATTENTION !

DÉSOLÉ ...
IL Y A DEUX PIANISTES, IL ME SEMBLE ...
AH...
CE SON...
ON DIRAIT LES GRINCEMENTS D'UN ENGRENAGE ROUILLÉ !

Bar
CRI...
ON N'EST PAS ENCORE OUVERTS !
TSUYOSHI ?!
EH BEN, TU PARLES D'UN AC-CUEIL !
QU...
QU'EST-CE QUE TU VIENS FAIRE ICI ?!
BOIRE UN COUP, PARDI !
GLOU

DÉSOLÉ, TU NE VOUDRAIS PAS REVENIR À L'OUVERTURE ?
SI TU VEUX, MAIS TU N'AS PAS QUELQUE CHOSE POUR MOI, D'ABORD ?
C'EST PAS BIENTÔT FINI ?!
TU COMPTES ME HARCELER ENCORE LONGTEMPS COMME ÇA ?!
DIS DONC ...
DEPUIS QUAND TU TE PERMETS DE LA RAMENER ?
CRR

J'AI ÉTÉ BIEN GENTIL DE FERMER LES YEUX, ET C'EST COMME ÇA QUE TU ME REMERCIES ?
RAPPELLE-TOI UN PEU À QUI TU DOIS TON BUSINESS !
TU N'AS QUAND MÊME PAS OUBLIÉ DANS QUEL MERDIER TU T'ES FOURRÉ EN TE COUVRANT DE DETTES POUR OUVRIR TON BAR À SHINJUKU ?
O...
OK, C'EST BON, INSPECTEUR...
ALORS ABOULE LE FRIC !
COMBIEN ?
COMME D'HAB !

* ENVIRON 2 000 EUROS, NDT.

IL ÉLIMINERAIT SES CIBLES DE FAÇON NETTE ET SANS BAVURES...
ET NE LAISSERAIT JAMAIS AUCUNE TRACE DE SON PASSAGE À PART CE SYMBOLE !
HEIN ?
PFF...
C'EST QUOI, CETTE HISTOIRE ?
OUAIS, FAUT RECONNAÎTRE...
QUE C'EST UN CONTE À DORMIR DEBOUT !

ピンポーン
DING
DONG
OUI ?
CRIII
TSUYOSHI !
QU...
QU'EST-CE QUE TU...
VLAM
AAAAAAAH !

EH !
QU'EST-CE QUI TE PREND ?!
...
NON MAIS JE RÊVE...
CE N'ÉTAIT PAS COMME ÇA QUAND ON HABITAIT ENSEMBLE !
QUE CE SOIT CETTE PIÈCE...
OU TOI, NORIKO !!
QU'EST-CE QUE C'EST QUE CE FOUTOIR ?!
C'EST VRAIMENT CE QUE TU VOULAIS ?

VSH
ÇA SUFFIT, SORS DE CHEZ MOI !!
TIRE
QUINTE
QU...
QUOI ?!
PAF

ARGH...
GH ...
GH ...
CRR
TU SAIS QUI JE SUIS, PAS VRAI ?
MAIS ÇA VA PAS ?!
AR...
PAF
AH !

FLAP
FLAP
REGARDE !
C'EST LE FRIC QUE VOUS ATTENDIEZ...
CET ARGENT, TU SAIS CE QUE C'EST ?
LA...
LA PENSION ALIMENTAIRE...
ET ÇA SERT À QUOI ?
À...
À NOURRIR LES ENFANTS...
EXACT ! J'AI PROMIS DE SUBVENIR AUX BESOINS D'AKIRA...
MAIS JE N'AI PAS LE SOUVENIR D'AVOIR ACCEPTÉ DE FINANCER TES PARIS !
QUINTÉ
TIERCÉ

PAF
VÉRIFIONS QU'ON SE SOIT BIEN COMPRIS...
SI JAMAIS VOUS UTILISEZ UN SEUL YEN DE CETTE SOMME POUR VOS LOISIRS...
JE VOUS... OUI, TIENS...
JE VOUS BALANCE DU HAUT DE CE HLM !
ALORS, TA RÉPONSE ?
SALETÉ DE PARASITE...
AAH...
GH...

AAAAH !
ARGH...
PAF
D'AILLEURS...
CE N'EST PAS LA PREMIÈRE FOIS QUE J'ENTENDS DES GÉMISSEMENTS PAREILS...
AAAH !
PAF
PAF
PAF
PAF
ARRÊTE !
JE T'EN PRIE !
ARRÊTE !
AAH...
DES CRIS DE FEMME ...
BRRR
NOOON !
S'IL VOUS PLAÎT, ARRÊTEZ !!
UN PUR DÉLICE !

FRSH
AAAH !
N'OUBLIE PAS NOTRE ACCORD !
VLAM

AAH, ÇA FAIT UN BIEN FOU ! J'EN AI DES FRISSONS...
J'AURAIS DÛ FAIRE ÇA IL Y A BIEN LONG-TEMPS...
JE NE PEUX PAS LAISSER AKIRA VIVRE DANS CETTE POUBELLE !
JE VAIS DEMANDER À REPASSER EN JUGEMENT POUR OBTENIR SA GARDE...
ET PRENDRE UN BON AVOCAT !
SI JE RÉ-VÈLE QUE MA FEMME AVAIT UNE LIAISON AVANT NOTRE DIVORCE...
EN PLUS D'INVOQUER LEURS CONDITIONS DE VIE ACTUELLES, JE PEUX GAGNER !

PTEUH
MAIS POUR ÇA...
IL VA ME FALLOIR DU FRIC !
DIS, NAOMI !
SI ON DÎNAIT ENSEMBLE ?

OK...
BONNE IDÉE !
OUF... AKIHO A RETROUVÉ SON ÉTAT NORMAL !
ET HIER, À LA TÉLÉ, ILS...
SÉRIEUX ?
SALUT !
JE ME DISAIS QU'ON POURRAIT RENTRER ENSEMBLE, TOUS LES DEUX...
DÉSOLÉE, ÇA NE VA PAS ÊTRE POSSIBLE... JE VAIS AU RESTO AVEC NAOMI, LÀ !
OH...
CE N'EST PAS GRAVE !
ON PEUT SE FAIRE ÇA UNE AUTRE FOIS, JE VAIS VOUS LAISSER ...

MAIS NON, PAS LA PEINE !
VOUS DEVRIEZ PEUT-ÊTRE EN DISCUTER À...
JE N'AI RIEN À LUI DIRE !
ALLEZ, ON Y VA !
JE VAIS LUI PARLER ...
MERCI ...
DÉSOLÉ !

L'ATMOSPHÈRE EST VRAIMENT AGRÉABLE, DANS CE RESTAURANT !
JE TROUVE AUSSI...
ET LA NOURRITURE EST PLUTÔT BONNE !
JE ME RAPPELLE ÊTRE DÉJÀ VENUE ICI À L'ÉPOQUE DU CONSERVATOIRE...
TIENS ?
MAIS C'ÉTAIT AVEC QUI, AU JUSTE ?
UN PROBLÈME ?
NON, C'EST RIEN !
TING
DIS...
LA CÉRÉMONIE EST PRÉVUE POUR QUAND ?

* GRANDE AVENUE DE TOKYO OÙ SE TROUVENT DE NOMBREUSES BOUTIQUES DE LUXE AINSI QUE DES ÉGLISES SERVANT À CÉLÉBRER DES MARIAGES À L'OCCIDENTALE, NDT.

PARCE QUE JE VOUDRAIS QUE PERSONNE NE SOIT BLESSÉ...
MAIS NON...
ET IL SE TROMPE ?
OH, ARRÊTE... JE SAIS TRÈS BIEN QU'IL ME SOUPÇONNE D'AVOIR ENCORE DES SENTIMENTS POUR YASUFUMI !
ÉVIDEMMENT !
EXCUSE-MOI.
BAH, C'EST PAS GRAVE !
C'EST VRAI QUE TU L'AIMES, KAZUO...
JE NE SAIS PAS...
S'IL CONTINUE À ME REGARDER DE CETTE MANIÈRE...
ON NE POURRA JAMAIS HABITER ENSEMBLE !

POUR ÊTRE HONNÊTE...
IL ME DÉÇOIT !
N'EMPÊCHE QUE TU PORTES ENCORE TA BAGUE DE FIANÇAILLES !
VOUS DEVRIEZ ...
METTRE LES CHOSES AU CLAIR UNE BONNE FOIS POUR TOUTES !
SI ON PARLAIT UN PEU DE TOI, PLUTÔT ?
MAIS ...
PAS DE MAIS QUI TIENNE !
TU N'AS PERSONNE EN VUE ?
SI C'ÉTAIT LE CAS, JE TE LE DIRAIS !
TU N'AS PAS ENVIE DE TE TROUVER UN PETIT AMI ?
CE N'EST PAS VRAIMENT AU PROGRAMME POUR L'INSTANT...

...
AU FAIT...
JE VOULAIS TE DEMANDER QUELQUE CHOSE...
À PROPOS DE QUOI ?
REGARDE CETTE PHOTO...

ET VOILÀ, BON APPÉTIT !
C'EST TOI...
QUI L'AS GRIBOUILLÉE ?
AUCUNE IDÉE !
COMMENT ÇA ?! ELLE EST À TOI, CETTE PHOTO, NON ?!
OUI, MAIS JE NE ME SOUVIENS ...
NI DE CETTE PERSONNE...
NI D'AVOIR MASQUÉ SON VISAGE, SI C'EST BIEN MOI QUI L'AI FAIT !
TU PLAISANTES ?
EN CE MOMENT, JE VOIS UN PSY...

UNE AMNÉSIE PARTIELLE...
TU NE TE RAPPELLES VRAIMENT PAS, ALORS ?
C'EST DINGUE !
S'IL TE PLAÎT...
DIS-MOI QUI EST CET HOMME !

LE PROBLÈME, C'EST QUE ...
JE NE ME SOUVIENS PLUS DE SON NOM !
TU TE FICHES DE MOI ?
C'EST VRAI, JE T'ASSURE !
ÇA ARRIVE SOUVENT DE NE PAS RÉUSSIR À REMETTRE UN NOM SUR UN VISAGE...
"CERTAINES PER-SONNES CHERCHE-RONT PEUT-ÊTRE À VOUS CACHER LA VÉRITÉ..."
S'IL TE PLAÎT...
JE DOIS SAVOIR !
NAOMI ...

JE...
PAS LA PEINE DE T'ÉNERVER...
ÇA ME REVIENDRA TÔT OU TARD !
PARLE-MOI PLUTÔT DE...
NE CHANGE PAS DE SUJET !
CRIII
JE T'EN PRIE, RÉPONDS-MOI !!

ÇA VA ALLER ?
OUI...
DÉSO-LÉE, JE ME SUIS LAISSÉ EMPOR-TER...
TU VEUX QU'ON RENTRE ?
RAPGE

AKIHO… CON-NAÎT CET HOMME !
IL S'EST SÛREMENT PASSÉ QUELQUE CHOSE DONT ELLE NE VEUT PARLER SOUS AUCUN PRÉTEXTE !
SI ELLE REFUSE DE ME DIRE CE QU'ELLE SAIT…
JE N'AI PLUS QU'À CHERCHER PAR MES PROPRES MOYENS !
IL SERAIT TEMPS QUE TU TIRES UN TRAIT SUR TAKUMI…

TAKUMI...
C'ÉTAIT SON NOM ?
CHAPITRE 4 - FIN

Conductor

TROISIÈME JOUR ②

CONDUCTOR

CLAC
VOUS ÊTES ENCORE LÀ, MONSIEUR KASHIWAI ?
TROISIÈME JOUR : YASUFUMI YÛKI.

CE SAGOUIN DISAIT VOULOIR OBSERVER LE TRAVAIL DES MUSICIENS AVANT LES RÉPÉTITIONS COMMUNES...
SAUF QU'IL S'EST ENDORMI EN PLEIN MILIEU D'UN MORCEAU ET QU'IL S'EST MIS À RONFLER COMME UN PORC !
VOUS PENSEZ VRAIMENT QUE VOUS SEREZ PRÊT À TEMPS POUR LA PREMIÈRE...
SI VOUS PASSEZ VOTRE TEMPS À TRAÎNASSER ICI ?
QU'EST-CE QUE TU SOUS-ENTENDS ?
EH BEN, TU NE MÂCHES PAS TES MOTS, TOI !
ON DIRAIT QU'IL N'EST MÊME PAS CAPABLE DE CONTRÔLER SES ÉMOTIONS...
IL EST PEUT-ÊTRE DOUÉ POUR LA MISE EN SCÈNE, MAIS IL FERAIT UN PIÈTRE CHEF D'ORCHESTRE !

NOUS SOMMES DES ARTISANS PLUS QUE DES ARTISTES...
NOUS DEVONS TRANSMETTRE FIDÈLEMENT LES INTENTIONS DU COMPOSITEUR SANS JAMAIS PERDRE NOTRE SANG-FROID...
JE PLAISANTAIS ! DITES-MOI PLU-TÔT COMMENT VOUS AVEZ TROUVÉ L'EN-SEMBLE...
HMM... MÊME SI CE N'ÉTAIT PAS ENCORE COM-PLÈTEMENT DÉGROSSI, C'ÉTAIT PAS MAL !
AH OUI ?
TOI, PAR CONTRE, TU N'AS PAS L'AIR SATIS-FAIT !
PARCE QUE JE SUIS LÀ EN REMPLACEMENT ET QUE JE DOIS PAYER LES POTS CASSÉS !
LES MUSICIENS ONT PRIS DE MAUVAISES HABITUDES AVEC LE CHEF D'ORCHESTRE PRÉCÉDENT ...
DU COUP, ILS SONT EN DÉCALAGE AVEC LA PAR-TITION !
TU NE SERAIS PAS UN PEU TATILLON, DES FOIS ?

TATILLON ?
DE LA PART D'UN JE-M'EN-FOUTISTE COMME TOI, ÇA ME FAIT BIEN RIRE, TIENS !
EN MUSIQUE ...
C'EST LA PERFECTION OU RIEN !
EH BIEN, MOI...
J'AI TROUVÉ QU'UN DES PIANISTES SE DÉBROUIL-LAIT BIEN !
OUI, JE LE CON-NAIS...
AH BON ?
AH, JE VOIS, VOUS ÉTIEZ DANS LA MÊME FAC !
EN EFFET ...
IL ATTI-RAIT DÉJÀ L'ATTENTION À L'ÉPOQUE !
DU TEMPS DU CONSER-VATOIRE...

EN CE MOMENT, KAZUO JOUE COMME S'IL ÉTAIT TERRIFIÉ À L'IDÉE DE FAIRE LA MOINDRE FAUSSE NOTE...
IL PRÊTE TROP ATTENTION AU REGARD DES AUTRES AU LIEU DE FAIRE LES EFFORTS NÉCESSAIRES POUR SE PERFECTIONNER ! IDEM DANS SA VIE PRIVÉE, D'AILLEURS...
IL SE CONTENTE D'ÉPROUVER...
DE L'ENVIE...
DE LA JALOUSIE...
DE LA RANCŒUR...
ET DE CONVOITER CE QUI NE LUI APPARTIENT PAS...
SANS MÊME SE RENDRE COMPTE QUE ÇA NE CORRESPOND PAS À SES PROPRES DÉSIRS !
IL Y A D'AUTRES PERSONNES ISSUES DE LA MÊME PROMO QUE TOI, ICI ?
...
LA VIOLONISTE ET LA FLÛTISTE...

EH BEN...
CE SONT DE SACRÉS BEAUX PETITS LOTS, TOUTES LES DEUX !
CETTE FLÛTISTE ...
C'EST QUOI SON NOM, DÉJÀ ?
NAOMI KUCHIKI ...
OUI, VOILÀ, C'EST ÇA !
ELLE VOUS PLAÎT ?
TU PENSES, UNE FILLE COMME ELLE...
ELLE A L'AIR VULNÉRABLE ...
ON A ENVIE DE LUI VENIR EN AIDE !

VRAIMENT ?
ET LA VIOLONISTE, COMMENT ELLE S'APPELLE ?
AKIHO MAYA...
ALORS ELLE, PAS MOYEN !
ELLE A UN JOLI MINOIS, MAIS QU'EST-CE QU'ELLE A L'AIR COINCÉE...
CE GENRE DE NANAS, C'EST DES VRAIS GLAÇONS AU PIEU !
LA FERME !

NE REGARDE PAS AKIHO AVEC CES YEUX-LÀ !
Y A PAS PHOTO, JE PRÉFÈRE LA PETITE NAOMI !
DOMMAGE POUR VOUS, ELLE A UN CO-PAIN AVEC QUI ELLE SORT DEPUIS LA FAC...
ET ILS PARLENT DÉJÀ MARIAGE !
MIEUX VAUT QU'IL CROIE QUE NAOMI EST CASÉE...
SINON, CANDIDE COMME ELLE EST, DIEU SAIT CE QUI POURRAIT LUI ARRIVER !

* AU JAPON, ON UTILISE DES SCEAUX À ENCRE POUR SIGNER LES DOCUMENTS. NDT.

LES DOCUMENTS QUI ME GARAN-TISSENT 40 % DES RECETTES DU SPECTACLE ?
D'ACCORD, APPORTEZ-LES ET JE LES SIGNE-RAI !
J'AIMERAIS BIEN, SAUF QU'ILS NE DOIVENT PLUS QUITTER NOS LOCAUX...
ET DONC ?
IL FAUT QUE VOUS VENIEZ, JE NE VOIS PAS D'AUTRE SOLUTION !
JE N'AI PAS LE TEMPS POUR CE GENRE DE CHOSES !
À PARTIR DE DEMAIN, ON ENTAME LES RÉPÉTITIONS DANS LA SALLE DU CONCERT...
ET JE VOULAIS REVOIR TOUTES LES PARTITIONS POUR Y APPORTER LES DERNIÈRES RETOUCHES !
C'EST EMBÊTANT ...
J'Y VAIS !

ESSAYEZ DE TROUVER UN MOYEN DE RÉGLER LE PROBLÈME...
CE N'EST QUAND MÊME PAS COMPLIQUÉ !
J'AI UNE IDÉE !
SI ÇA NE VOUS ENNUIE PAS, JE PEUX PASSER DEMAIN RÉCUPÉRER VOTRE SCEAU, ET...
TIENS BON...
TRÈS BIEN, FAISONS COMME ÇA...
ENCORE UN PEU DE PATIENCE...
SI CETTE COMÉDIE MUSICALE EST UNE RÉUSSITE...
TU POURRAS PRENDRE UN NOUVEAU DÉPART EN TANT QUE CHEF D'ORCHESTRE !

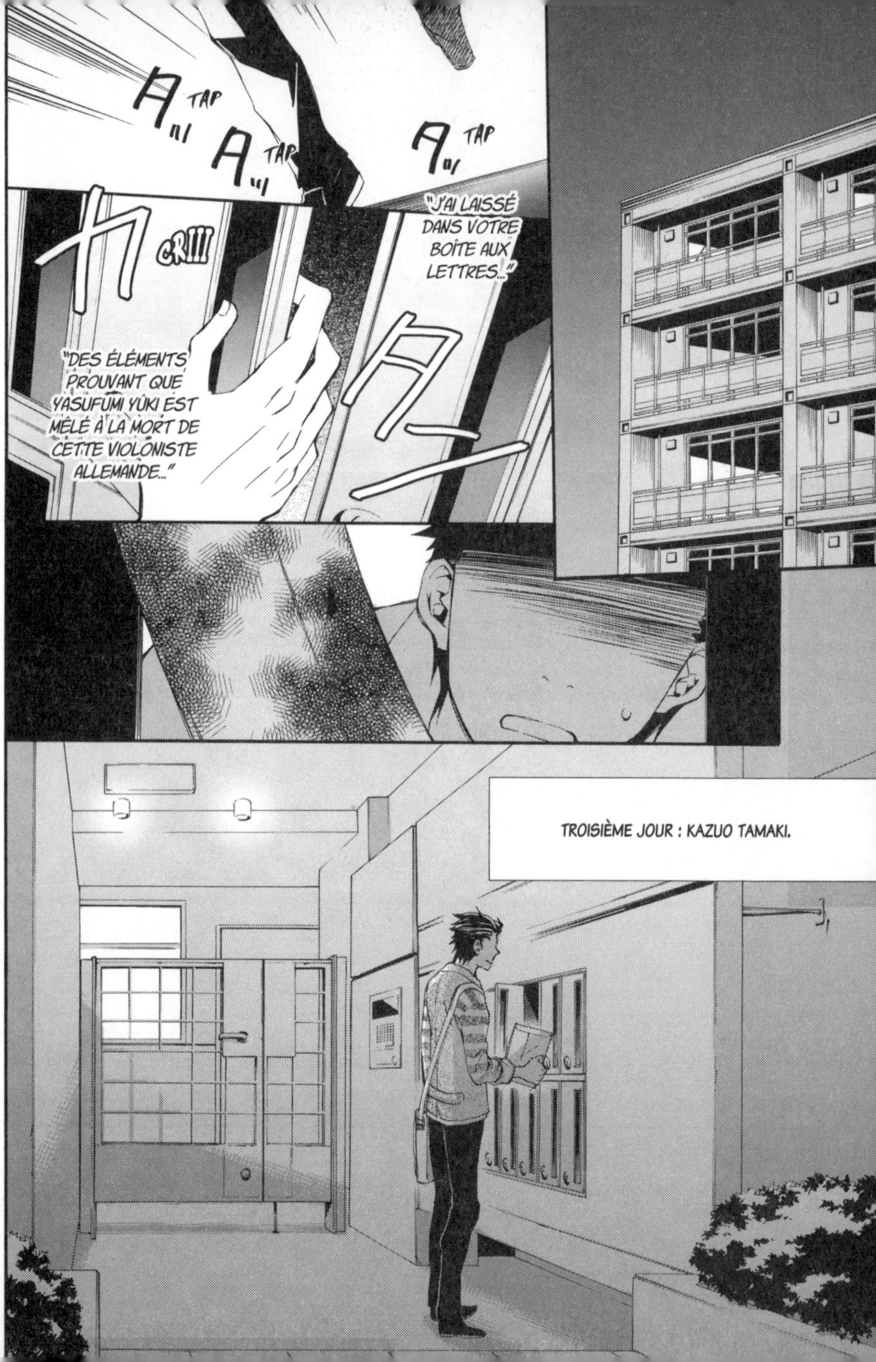
TAP
TAP
TAP
CRIII
"J'AI LAISSÉ DANS VOTRE BOÎTE AUX LETTRES !"
"DES ÉLÉMENTS PROUVANT QUE YASUFUMI YÛKI EST MÊLÉ À LA MORT DE CETTE VIOLONISTE ALLEMANDE..."
TROISIÈME JOUR : KAZUO TAMAKI.

NI ADRESSE NI EXPÉDITEUR...
EST-CE QUE CE KEISUKE NOJIMA A APPORTÉ CETTE ENVELOPPE LUI-MÊME ?
CE CD CONTIENDRAIT...
LA PREUVE QUE YASUFUMI A COMMIS UN MEURTRE ?
UN ARTICLE DE JOURNAL ALLEMAND ?

MORT INEXPLICABLE D'UNE MUSICIENNE !
"UNE JEUNE VIOLONISTE A ÉTÉ RETROUVÉE GISANT SUR LA CHAUSSÉE AU PIED DE SON IMMEUBLE, DANS UNE MARE DE SANG..."
"LA POLICE PENCHE POUR UN SUICIDE OU UN ACCIDENT..."
"CEPENDANT, AU REGARD DE CERTAINS ÉLÉMENTS, LA THÈSE DU SUICIDE SEMBLE PEU PROBABLE. POUR COMMENCER, LA JEUNE FEMME SE FAISAIT UNE JOIE DE PARTICIPER À UN CONCERT LA SEMAINE SUIVANTE, SELON SES PROCHES..."
"LA PRÉSENCE DE TRACES DE LUTTE DANS L'APPARTEMENT INDIQUE AU CONTRAIRE QU'IL POURRAIT BIEN S'AGIR D'UN MEURTRE..."
BOBOM
BOBOM
JUSQUE-LÀ, RIEN NE PROUVE...
QUE YASUFUMI AIT TUÉ CETTE FILLE !
BOBOM

DES PHOTOS ?
C'EST ELLE, LA VICTIME ?
C'EST PEUT-ÊTRE MON IMAGINATION...
CLIC
MAIS ELLE ME RAPPELLE AKIHO !

NON, TOUJOURS RIEN...
CLIC
CETTE PHOTO MONTRE JUSTE QU'ILS SORTAIENT ENSEMBLE...
C'EST UN CLICHÉ PRIS JUSTE APRÈS LES FAITS !
FICHIER SUIVANT...
GLOUPS
ET LE TYPE DANS L'ANGLE...

C'EST YASUFUMI !
TRILILILI
BIP
TRILILILI
ALLÔ ?
TRILILILI
VOUS AVEZ JETÉ UN ŒIL AUX DOCUMENTS ?
LE JOURNALISTE !
JE NE M'ÉTAIS PAS TROMPÉ, ALORS ?
OUI...
RIEN NE PROUVE AVEC CERTITUDE QUE CE SOIT LUI LE COUPABLE...
POURTANT VOUS NE POUVEZ NIER QU'IL N'EST PAS TOUT BLANC DANS L'AFFAIRE !

CE N'EST PAS LE MOMENT DE TERGI-VERSER !
SI C'EST VRAIMENT UN TUEUR SANGUI-NAIRE...
SA PRO-CHAINE VICTIME POURRAIT BIEN ÊTRE VOTRE FIANCÉE !
COMMENT ÇA ?!
C'EST IMPOS-SIBLE !
VOUS ÊTES PLUS OPTIMISTE QUE JE LE PENSAIS ...
RÉFLÉCHIS-SEZ BIEN...
M. YÛKI RENTRE AU PAYS JUSTE À TEMPS POUR REMPLACER AU PIED LEVÉ UN CHEF D'ORCHESTRE DONT ON EST SANS NOUVELLES, À LA TÊTE D'UN ENSEMBLE OÙ JOUE COMME PAR HASARD SON ANCIENNE PE-TITE AMIE...
VOUS PENSEZ RÉELLE-MENT...
QUE CE GENRE DE COÏNCIDENCE PEUT SE PRO-DUIRE ?

...
CONCRÈTEMENT, QU'EST-CE QUE VOUS VOULEZ QUE JE FASSE ?
DEUX CHOSES ...
LA PREMIÈRE, C'EST DE LE SURVEILLER...
POUR ME TENIR INFORMÉ DU MOINDRE CHANGEMENT DANS SON COMPORTEMENT...
ET LA DEUXIÈME ?
L'INTERROGER L'AIR DE RIEN SUR LES RAISONS DE SON RETOUR AU JAPON !
ÇA M'ÉTONNERAIT QU'IL ME DISE LA VÉRITÉ...
CE N'EST PAS GRAVE...
SES RÉPONSES POURRONT DÉJÀ NOUS RÉVÉLER CERTAINES INFORMATIONS !
JE VOUS DEMANDERAI AUSSI D'ÊTRE VIGILANT SUR UN POINT...

VEILLEZ À CE QUE NI M. YÛKI NI VOTRE FIANCÉE NE SOUPÇONNENT QUOI QUE CE SOIT...
ILS NE DOIVENT PAS SAVOIR QUE VOUS L'ESPIONNEZ...
ET ENCORE MOINS ÊTRE AU COURANT DE MON EXISTENCE !
CES PRÉCAUTIONS SONT VRAIMENT NÉCESSAIRES ?
VOUS VOULEZ PRENDRE LE RISQUE QU'IL VOUS RÉDUISE AU SILENCE ?
!
POURQUOI ?
SI VOUS RESTEZ PRÈS D'ELLE, ELLE RISQUE DE DÉCELER DES CHANGEMENTS DANS VOTRE ATTITUDE...
VOUS DEVRIEZ PEUT-ÊTRE COUPER LES PONTS AVEC VOTRE PETITE AMIE QUELQUE TEMPS...

VOUS NE SOUHAITEZ QUAND MÊME PAS QU'ELLE SOIT MÊLÉE À TOUT ÇA ?
JE COMPRENDS...
J'AIME CETTE RÉPONSE ...
JE VOUS RE-CONTACTERAI BIENTÔT !
CLAC
CRR
JE VIENS...
DE TRAHIR UN AMI !

C'EST VRAI, JE LE DÉTESTAIS...
S'IL N'AVAIT PAS ÉTÉ LÀ, JE N'AURAIS PAS ÉTÉ AUSSI MAL-HEUREUX !
SI YASUFUMI ET AKIHO S'ÉTAIENT SÉPARÉS NATU-RELLEMENT...
JE N'AURAIS PAS AUTANT SOUFFERT !
EN TOUT CAS, SI LA VÉRITÉ SUR SON SÉJOUR EN ALLEMAGNE ÉCLATAIT...
ET ALORS ?

AKIHO REVERRAIT SANS DOUTE SON JUGEMENT À SON ÉGARD !
MALGRÉ TOUT...
FSH
CLAC
JE N'AI PAS D'AUTRE CHOIX QUE DE LA PROTÉGER !
NOTRE VIE ACTUELLE...
EST UNE FICTION MINUTIEUSEMENT CRÉÉE...

TROISIÈME JOUR : AKIHO MAYA.
S'IL TE PLAÎT, DIS-MOI QUI EST CET HOMME !
DEPUIS CET INCIDENT, IL Y A CINQ ANS...
TOUT LE MONDE A PRIS SOIN DE NE PLUS PARLER DE LUI DEVANT NAOMI...
JE PENSAIS QU'ELLE NE PRONONÇAIT JAMAIS SON NOM ET N'ABORDAIT JAMAIS LE SUJET...
À CAUSE DU CHOC...

MAIS J'ÉTAIS LOIN DE ME DOUTER QU'ELLE AVAIT TOUT OUBLIÉ !
POURQUOI MAINTE-NANT ?
IL FAUT QUE J'ARRÊTE DE ME PRENDRE LA TÊTE AVEC ÇA...
J'AI DÉJÀ SUFFISAMMENT À FAIRE AVEC MES PROPRES PROBLÈMES !
ET SI J'APPELAIS KAZUO, UNE FOIS RENTRÉE ?
J'EN AI ASSEZ QUE CETTE HISTOIRE SE METTE ENTRE NOUS...
IL ARRÊTERA SÛREMENT DE BOUDER À CAUSE DE YASUFUMI...
SI JE LE LUI DEMANDE FRANCHEMENT !

?
C'EST QUI, DEVANT L'IM-MEUBLE ?
CE N'EST QUAND MÊME PAS LE TYPE D'HIER ?!
TOUT VA BIEN, J'AI MA BOMBE LACRYMO...
TAP
TAP
TAP
VSH
!

AAAH !
NE VOUS APPROCHEZ PAS !!
CALMEZ-VOUS, S'IL VOUS PLAÎT !
JE SUIS DE LA POLICE !
INSPECTEUR ISHIKURA, DU COMMISSARIAT DE KUNITACHI...
PARDON SI JE VOUS AI SURPRISE...
J'AI À VOUS PARLER !
QU'EST-CE QUI S'EST PASSÉ ?
OH, RIEN DANS CET IMMEUBLE ...
ON A SEULEMENT RETROUVÉ UN CORPS DANS UN STUDIO, ET JE CHERCHE DES INFOS POUR MON ENQUÊTE...
UN CORPS...
C'EST UNE AFFAIRE DE MEURTRE ?

J'AI SEULEMENT DIT QU'ON AVAIT RETROUVÉ UN CADAVRE...
QU'EST-CE QUI VOUS FAIT PENSER QU'IL S'AGIT D'UN MEURTRE ?
C...
C'EST JUSTE QUE...
OUI ?
C'EST SOUVENT DANS CE GENRE DE CAS QUE LES POLICIERS VIEN-NENT POSER DES QUES-TIONS...
...
EUH...
JE PEUX Y ALLER, MAINTE-NANT ?
NON, JE NE VOUS AI PAS ENCORE DE-MANDÉ CE QUE JE VOULAIS SAVOIR...
À VRAI DIRE, L'AFFAIRE SUR LAQUELLE J'ENQUÊTE S'EST PRODUITE À KUNITACHI...
KUNITACHI ? MAIS C'EST À PLUS DE 40 MINUTES D'ICI !
EN TRAIN PEUT-ÊTRE... À VOL D'OISEAU CE N'EST QU'À TROIS KILO-MÈTRES !

AH OUI ?
QUAND MÊME...
CE TYPE ME FOUT LES JETONS...
CES DERNIERS TEMPS, VOUS N'AVEZ VU PERSONNE DE SUSPECT DANS LE COIN ?
NON...
EN TOUT CAS, JE NE CROIS PAS...
VRAIMENT ? MERCI DE M'AVOIR CONSACRÉ UN PEU DE VOTRE TEMPS...
VOUS POUVEZ Y ALLER !
PFF...
UNE DERNIÈRE QUESTION ...
AAH !
VSH
POF
TOUT VA BIEN ?
DÉSOLÉ, J'OUBLIAIS UN POINT CRUCIAL...

JE VOUDRAIS CONNAÎTRE...
VOTRE NOM !
JE M'APPELLE AKIHO MAYA !
JE VOIS...
ALORS C'EST VOUS !

COMMENT ÇA, C'EST MOI ?
QU...
PTEUH
QU'EST-CE QU'IL A VOULU DIRE PAR LÀ ?!
CLAC
704
BIP
APPEL
KAZUO TAMAKI
S'IL TE PLAÎT...
DÉCROCHE, VITE !!

CLAC
POURQUOI IL NE RÉPOND PAS ?!
VRR
VRR
AH !
VRR
KAZUO ?!
NAOMI KUCHIKI
BIP
OFF
QU'EST-CE QU'IL Y A...
ENCORE ?

FRSH
PLAF
CETTE BAGUE...
EST TROP PETITE POUR MON DOIGT...
PARDON ...

JE SUIS DÉSOLÉE !
TROISIÈME JOUR : NAOMI KUCHIKI.
AKIHO NE RÉPOND PAS...
VU SA RÉACTION, CE N'EST SANS DOUTE PAS LA PEINE DE DEMANDER À KAZUO OU À YASUFUMI...
JE NE DOIS PAS ME LAISSER ABATTRE !

CE TAKUMI ÉTAIT AU MÊME CONSERVATOIRE QUE NOUS, ÇA NE FAIT AUCUN DOUTE...
POURTANT, SON NOM N'APPARAÎT PAS SUR LA LISTE DES DIPLÔMÉS...
JE SAIS !
JE VAIS DEMANDER CONSEIL À M. MATSUZAKI...
ALLÔ, DOCTEUR ?
QU'EST-CE QUI SE PASSE ? JE SUIS UN PEU PRESSÉ, LÀ...

DÉSOLÉE, J'AURAIS VOULU VOUS PARLER UN INSTANT…
VOUS AVEZ DÉCOUVERT QUELQUE CHOSE ?
FSHHH
C'EST LE BRUIT DE LA PLUIE QUE J'ENTENDS ?
IL DOIT ÊTRE DEHORS…
ON PEUT DIRE ÇA…
MAIS C'EST ASSEZ MINCE…
JE VOIS…
ALORS VOUS CONTINUEZ À VOUS VOIR TOUS LES QUATRE ?
OUI…
SIMPLE SUPPO-SITION DE MA PART, MAIS…

2003 12 24
IL SEMBLERAIT QU'IL SE SOIT PASSÉ QUELQUE CHOSE, IL Y A CINQ ANS...
COMME QUOI ?
JE L'IGNORE ...
CEPENDANT, UNE CHOSE EST SÛRE : CET ÉVÉNEMENT A EU UNE INFLUENCE DÉTERMINANTE SUR VOS SOUVENIRS ET SUR LES RELATIONS QU'ENTRETIENNENT VOS AMIS !
VOUS AVEZ TROUVÉ UN INDICE ?
LE NOM D'UN HOMME, SAUF QU'IL N'APPARAÎT MÊME PAS SUR LES REGISTRES DE LA FAC !
COMMENT FAIRE POUR ME RENSEIGNER, ALORS ?

LA LISTE QUE VOUS AVEZ REGARDÉE CONTENAIT LES NOMS DE TOUS LES ÉLÈVES DE L'ANNÉE, JE ME TROMPE ?
NON...
SEULEMENT CEUX DE L'ÉCOLE DE MUSIQUE...
DANS CE CAS, VÉRIFIEZ AUSSI LES AUTRES SEC-TIONS DE VOTRE UNIVERSITÉ ET LES ANNÉES D'AVANT ET D'APRÈS VOTRE PROMO...
L'ÉTABLISSE-MENT GARDE SÛREMENT UN REGISTRE COMPLET QUELQUE PART !
BIEN SÛR !
J'IRAI VOIR À MON ANCIENNE FAC !
QUAND ÇA ?
EUH...
DEMAIN DANS LA MATINÉE, SANS DOUTE...
UN INSTANT, S'IL VOUS PLAÎT...
SI JE DÉCALE CE RENDEZ-VOUS, CE SERA BON ...
OÙ SOU-HAITEZ-VOUS QU'ON SE RETROUVE ?

VOUS ALLEZ M'ACCOMPAGNER ?
J'EN AVAIS L'INTENTION, OUI...
JE PEUX M'Y RENDRE SEULE, VOUS SAVEZ !
EST-CE QUE ÇA VOUS GÊNE QUE JE VIENNE ?
NON, PAS DU TOUT !
C'EST VRAI QUE JE ME SENTIRAIS RASSURÉE...
DANS CE CAS, C'EST ENTENDU !
C'EST AU CONSERVATOIRE, HEIN ? SI ON SE RETROUVE À 9 HEURES À LA GARE DE TAMAGAWA-JÔSUI, ÇA VOUS VA ?
D'ACCORD ...
PARFAIT, À DEMAIN !

POURQUOI A-T-IL PROPOSÉ DE M'ACCOMPAGNER ?
PARCE QU'IL SE SENT RESPONSABLE VIS-À-VIS DE SA PATIENTE ?
PAR SIMPLE GENTILLESSE ?
OU BIEN A-T-IL D'AUTRES MOTIVATIONS ?
J'AI L'IMPRESSION QUE LA RÉPONSE À CETTE QUESTION...

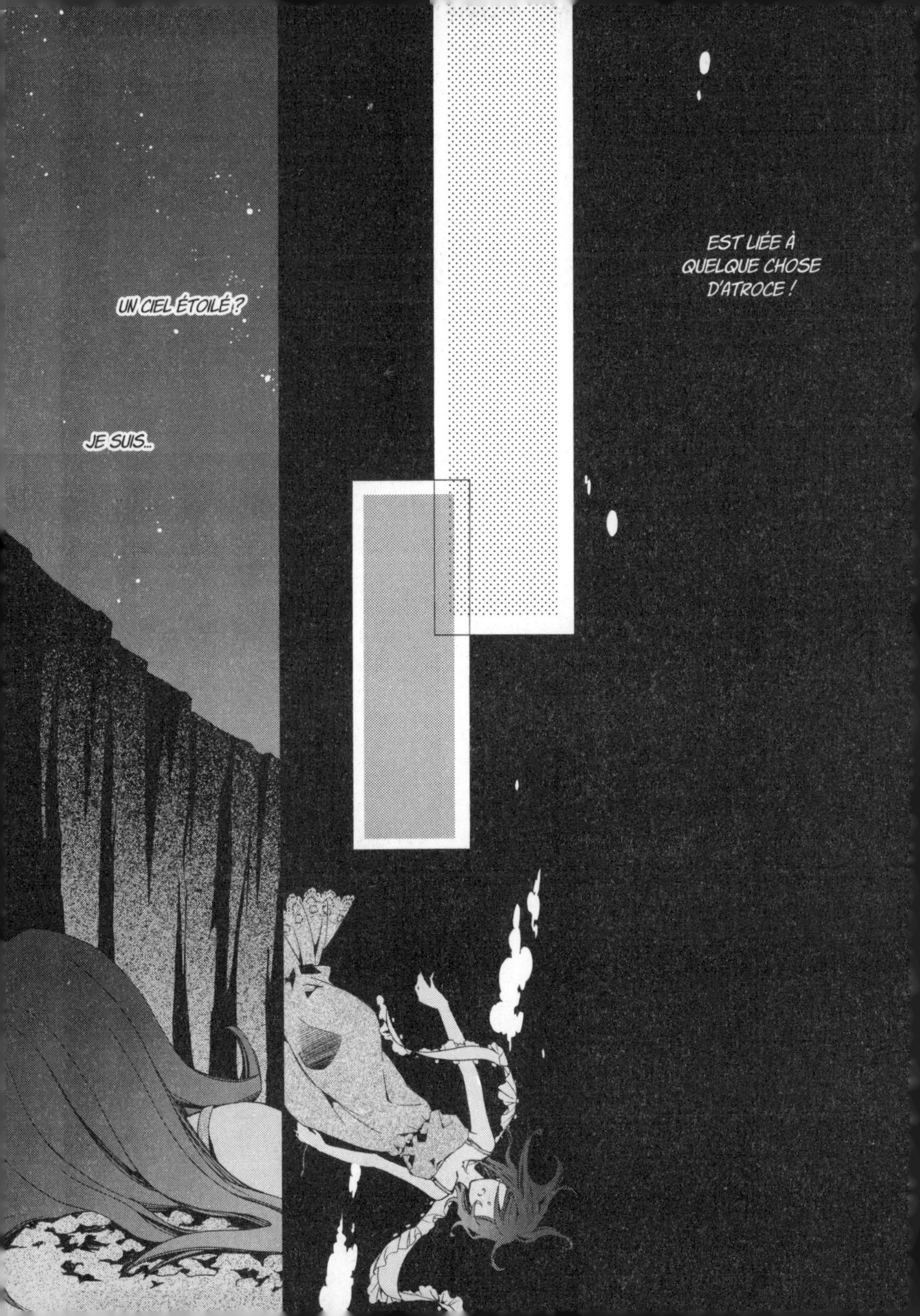
EST LIÉE À
QUELQUE CHOSE
D'ATROCE !
UN CIEL ÉTOILÉ ?
JE SUIS...

DANS UNE FOSSE ?
MON CORPS REFUSE DE BOUGER !
CET HOMME...

C'EST L'INCONNU DE MON RÊVE, CELUI QUI TENAIT UN CRÂNE ENTRE SES MAINS...
QUOI ? JE N'ENTENDS R...
VSH
!
NON !
STOP !
TCHAC
TCHAC
TCHAC
TCHAC

ARRÊTEZ !!
VSH
NOOOOOOON !
HAN
HAN
BOBOM
QUEL RÊVE HORRIBLE...
POURQUOI JE FAIS TOUJOURS DES CAU-CHEMARS PAREILS ?
BOBOM
BOBOM

QUI EST CET HOMME...
À LA FIN ?!
AU FAIT, CETTE HISTOIRE QUE J'AI ENTENDUE AUX INFOS...
LE CORPS RETROUVÉ DANS LE STUDIO A ÉTÉ RÉDUIT À L'ÉTAT DE MOMIE...
LA TÊTE A ÉTÉ SECTIONNÉE ET ON IGNORE ENCORE CE QU'ELLE EST DEVENUE...
NON...
CE N'EST QU'UNE SIMPLE COÏNCIDENCE...
C'EST OBLIGÉ !
IMPOSSIBLE QUE MES RÊVES SOIENT LIÉS À CETTE AFFAIRE !

JE VAIS ÊTRE EN RETARD...
JE DOIS ME DÉPÊCHER...
FRSH
QU...
QU'EST-CE QUE C'EST QUE ÇA ?

JE SUIS EN TOI, TU ES EN MOI.
DU ROUGE À LÈVRES ?

SUIS EN TOI, TU ES EN
JE SUIS EN TOI, TU ES EN MOI.
SUIS EN TOI, TU ES EN MOI.
C'EST COMME SI J'AVAIS...
SUIS EN TOI, TU ES EN MOI.
SUIS EN TOI, TU ES

JE SUIS EN TOI, TU ES EN MO
JE SUIS EN TOI, TU ES EN M
JE SUIS EN TOI, TU ES EN MO
UN DÉDOUBLEMENT DE PERSONNALITÉ !
CHAPITRE 5 - FIN

Postface
DÉSOLÉ DE CASSER CETTE AMBIANCE DRAMATIQUE, MAIS C'EST L'HEURE DE LA POSTFACE !
BONJOUR TOUT LE MONDE, JE SUIS AKIRA ISHIKURA, J'APPARAIS À LA PLACE DE L'AUTEUR POUR NE PAS OFFUSQUER VOTRE REGARD !
MERCI BEAUCOUP D'AVOIR ACHETÉ LE DEUXIÈME VOLUME DE "CONDUCTOR" !
AUJOURD'HUI, JE VAIS PARTAGER AVEC VOUS QUELQUES INFOS EXCLUSIVES SUR LES PERSONNAGES DE CETTE SÉRIE...
COMMENÇONS PAR NAOMI !
SES TRAITS MIRACULEUSEMENT JUVÉNILES LUI DONNENT L'AIR D'UNE ÉTUDIANTE MALGRÉ SES 27 ANS !
COMME JE L'ENVIE !
FLÛTISTE
NAOMI KUCHIKI
EN LA DESSINANT, J'AI IMAGINÉ QU'ELLE ÉTAIT DU GENRE À AIMER LES TRUCS MIGNONS...
DU COUP, J'AIME BIEN LUI FAIRE PORTER PLEIN DE PETITS HAUTS SYMPAS, MÊME SI PARFOIS ON ME DIT QUE J'EN FAIS TROP ! (RIRES.)
PASSONS À AKIHO, MAINTENANT !

ELLE FAIT BEAUCOUP PLUS "FEMME", PLUS MATURE QUE NAOMI...
ET DANS L'ŒUVRE ORIGINALE, ELLE EST DÉCRITE COMME AYANT UNE BEAUTÉ DE TOP-MODEL !!
QUOI ?
C'EST CELLE QUI ME DEMANDE LE PLUS DE TRAVAIL !
J'ESSAIE DE LUI DESSINER DES VÊTEMENTS DE FEMME ACTIVE AVEC UN PETIT CÔTÉ SEXY...
MAIS...
COMME MOI-MÊME, JE N'AI PAS LA MOINDRE IDÉE DE CE QUE PEUT SIGNIFIER "SEXY" OU "MATURE"...
MES PROPOSITIONS SONT TOUJOURS REFUSÉES PAR MON RESPONSABLE ÉDITORIAL !
COSTUME REFUSÉ QUE L'AUTEUR A VRAIMENT DESSINÉ.
C'EST UNE BLAGUE, HEIN ? TU TE FICHES DE MOI, C'EST ÇA ?!
ÉDITO
BON, VOYONS CE QU'IL EN EST DU CÔTÉ DE YASUFUMI...
PAUVRE RESPONSABLE ÉDITORIAL...
COMME J'AI DU MAL AVEC LES BEAUX GOSSES, C'EST CELUI QUE JE METS LE PLUS DE TEMPS À DESSINER...
ET COMME IL FAUT ABSOLUMENT QU'IL AIT L'AIR CLASSE, J'AI GRAVE LA PRESSION ! J'ESSAIE DE TOUJOURS GARDER À L'ESPRIT LES CARACTÉRISTIQUES DES MECS MIGNONS...
SI JE LUI METTAIS UNE CHAÎNE ?
ON NE LE RECONNAÎT MÊME PLUS !
ÇA VA PAS ?! TU VEUX VRAIMENT MOURIR ?!
ÉDITO
EN TOUT CAS, IL S'HABILLE TOUJOURS EN NOIR !
J'AI LA CONVICTION QU'AUCUNE JOUVENCELLE NE PEUT RÉSISTER À DES CHEVEUX NOIRS ASSOCIÉS À DES FRINGUES NOIRES...
T'AS VU ÇA OÙ ?!
PAS BESOIN !!
LA SUITE DE LA PRÉSENTATION DES PERSONNAGES DANS LE PROCHAIN TOME... ENFIN, PEUT-ÊTRE !

First published in Japan in 2010 by KADOKAWA SHOTEN Co., Ltd., Tokyo.
French translation rights arranged with KADOKAWA SHOTEN Co., Ltd., Tokyo
through TUTTLE-MORI AGENCY, INC., Tokyo.

Édition française

Traduction :
Yohan Leclerc

Adaptation graphique :
Clair Obscur

ISBN : 978-2-35592-354-8
Dépôt légal : février 2012
Achevé d'imprimer en France par CPI Aubin Imprimeur

Editions
ki-oon

www.ki-oon.com

ISBN 978-2-35592-354-8
9 782355 923548
Code prix : KN20